MUSEU
DE
MIM

Copyright do texto ©2021 Raimundo Gadelha
Copyright das ilustrações ©2021 Álvaro Alves de Faria
Copyright da edição ©2021 Universo dos Livros

Diretor editorial: Luis Matos
Gerente editorial: Marcia Batista
Assistentes editoriais: Letícia Nakamura e Raquel F. Abranches
Revisão: Onono e Beatriz Silvestri
Projeto gráfico: Raimundo Gadelha e Vagner de Souza
Diagramação: Vagner de Souza
Ilustrações da capa e do miolo: Álvaro Alves de Faria
Arte: Renato Klisman

Dados Internacionais de Catalogação na Publicação (CIP)
Angélica Ilacqua CRB-8/7057

G12m	Gadelha, Raimundo Museu de mim / Raimundo Gadelha ; ilustrações de Álvaro Alves de Faria. –– São Paulo : Escrituras, 2021. 144 p. : il. ISBN 978-65-87756-07-3 1. Poesia brasileira I. Título II. Faria, Álvaro Alves de

21-5135	CDD B869.1

Grupo editorial Universo dos Livros – selo Escrituras
Avenida Ordem e Progresso, 157 – 8º andar – Conj. 803
CEP 01141-030 – Barra Funda – São Paulo/SP
Telefone/Fax: (11) 3392-3336
www.universodoslivros.com.br
e-mail: editor@universodoslivros.com.br
Siga-nos no Twitter: @univdoslivros

Raimundo Gadelha

MUSEU
DE
MIM

Ilustrações
Álvaro Alves de Faria

escrituras
São Paulo, 2021

Para Gisela,
que, amorosamente, todos os dias,
descortina um novo amanhã.

sumário

Prefácio
Museu guardador de amores fugazes......................9

Tempero 15
Espelho..17
Paralelos e meridianos 18
Desvivência...21
Toque eternal 22
Vestido..25
Prece..27
Vínculos e dilacerações de um espaço-tempo........29
Inteiro e fração 33
Reflexão sobre a devida medida de vida das
coisas e pessoas que amamos 35
Voo 37
Inquietações..39
Ao vento..41
Cigano..43
Saída de emergência..................................45
Esteira..47
Interiores...48
Fotografia 51
Caminhos..53
Sutis indicações 55
Cores 57
Silêncio...59
Busca 61
Enluarado 63
Fuga da fé 65
Sons, cores e outras abstrações da solidão............67

Ascensão 69
Alma 71
Projeção... 73
Vestígios 74
Notas brancas.. 77
Mergulho 78
Jornal de ontem 81
Portal 83
Dissolvências 85
Anonimato... 87
Dentro e fora 89
Cores fortes de uma tela em branco....................... 91
Abstrata distração 93
Terna carta náutica 95
Palavras plantadas ao vento................................ 97

Quadros poéticos de um tempo de isolamento

Estrela ascendente 100
Sonho de uma noite distante 103
Imagens de tragédia e amor 106
Museu de mim.. 109
Acervo do museu de mim 111
Desapego.. 115
Museu vira mundo.. 117
Duplo de mim 120
mim ed olpuD 121
Inverno no museu de mim................................... 123
Museu vira templo.. 125
Incêndio no museu de mim.................................. 127
Última chamada.. 131
Fuga do museu de mim 133

Museu guardador de amores fugazes

Cyro de Mattos*

É preciso ter viajado muito e respirar outros ares para saber o quanto pulsa dentro o que se traz de longe e vem das origens, antes que tudo acabe, fique disperso pelo inexorável, sob o sopro do vento na poeira marcada de saudade e solidão. Infelizmente. As pessoas, as coisas, os bichos, as plantas, tudo que entra numa paisagem que acena na distância diz mais do que o que encontramos em outros longes quando deixamos nos levar por novas mundividências, pensando-se que estamos desligados de seres e coisas que não voltam mais. E sempre sabemos que vivemos com as lembranças, os mortos voltam de novo, pois se cabem em sonhos e tremuras nos recônditos da alma perante os mistérios da existência.

Só a arte da palavra pode operar o milagre de fazer renascer o que se foi, dolorosamente. Com a poesia marcada de versos no reverso, sem evasivas românticas, é capaz de revelar a alma invisível nas rupturas drásticas dos seres e das coisas para que seja visto o quanto cada um de nós é um ser do tempo, que não muda, e dessa forma mudamos nós, na travessia dos amores fugitivos que acontecem submissos a certo senhor soberano. Indiferente é como esse cavaleiro no galope absoluto tudo dá e toma. E ela, a poesia, leal amada necessária, luz e bálsamo, então acontece com todos os bemóis do sentimento para acender a alma lírica, com suas tonalidades humanas e sons do coração batendo em dó, e acorda-nos nos apelos de tanto estarmos na ânsia do amor, e nos socorre e ilumina nas zonas obscuras de tudo que guardamos.

Esse Museu de emoções, que Raimundo Gadelha compôs com versos críticos na lembrança, confinados em áspera travessia e nos cômodos com os elementos de tempos temerários, reflete a alma tantas vezes sofrida do seu criador. Nesse Museu de emoções, que agora se abre para visões e revisões dolorosas da vida, o visitante fica sabendo como nele é que escutamos o quanto cada um de nós conta pelos cantos o seu tanto, suas verdades que entristecem a passagem dos anos no soluço.

O nordestinado Raimundo Gadelha, radicado há anos em São Paulo, onde desenvolve suas aptidões como editor de livros de literatura, no seu trânsito por ruas e campos de solidão trouxe os quadros necessários para habitar este Museu banhado de gritos em tudo que expõe. Não é um museu composto de quadros exóticos, fotografias curiosas, mas constituído de emoções que atormentam na cobrança do custo alto pela visita, expõe em salas povoadas de duras recordações o sal dos sonhos em que se banha por entre paralelos e meridianos do existir.

É inconteste que a geografia e as emoções
tão intensamente vividas no Nordeste
transformaram-se em afetivos elos
que carrego com orgulho por todos esses anos...

Neste Museu, de pungente lirismo, com versos densos armados com o ritmo da saudade incandescente, ciente do que fala, seu guardador ressalta que "a família é sempre/ lenta desintegração de nós mesmos". E nos apresenta, na viagem imaginária que cruza com o real, lugares que vão ficando para trás. O visitante em pouco tempo toma conhecimento que as vozes do pai do dono do museu desdenhavam das regiões fora do mapa de sua afetividade enraizada no agreste do sertão, do exterior nem queria que falassem. Em sua inquieta passagem por uma paisagem particular, elencada de relações profundas com a vida, ordenava que se pusesse nela os anúncios de empoeiradas estradas avistadas da boleia de um caminhão.

Vínculos e dilacerações, inquietações de natureza grave mostram como a vida é aqui insone, não se compraz com o romantismo que simula o real tecido e acontecido nas desilusões. Há no autor poeta deste Museu, assim imerso em tempo, vida e solidão, certa unidade de corpo viajante gotejado de suor e alma inteirada de verdades, crenças e desvivências, que emergem sem máscaras de um mundo agudo com as impressões fincadas na saudade, que por sua vez se amolda ao som e à fúria de uma poética que fere e não cura, como se fosse só tristeza batendo no tambor da excursão que deixou tudo para trás. Noutro lance, o visitante, leia-se leitor, também vê pendurado no armário do velho guarda-roupa o vestido que o dono do museu distante pagou para a mãe no Natal. Doeu-lhe a oferenda. Era estranho imaginar como a mãe ficou no Natal no vestido que nunca viu e que nem mesmo sabia a cor, com o seu dinheiro foi a irmã que o comprou.

Em "Cigano", poema como de resto escrito com a alquimia sensitiva do verbo que nos une aos sonhos, o visitante tem a oportunidade de constatar que o arquiteto deste Museu por entre solidões imaginadas e a realidade dura que se esvai nos anos está partido em dois como um ser ambulante do tempo que em tudo permanece.

> *Um é o ser que se foi e hoje é só memória*
> *e este outro presente e preso,*
> *a todo instante ao passado estanque*
> *vislumbrando o obscuro futuro.*

Todos os seus propósitos guardados na nostalgia como alento, o poeta Raimundo Gadelha, guardador de tristezas e tormentos, na miragem reinventa. Coisas com o respiro da memória, seres que não descansam na formação de ideais, expectantes esperanças dissolvidas nos sentidos, intuições na alma como simulações perfeitas, capas espessas nas camadas com achados certeiros, tudo isso neste Museu com as suas vozes debatendo-se na paixão como se fosse "centopeia de abismos grafados no espelho". Visível assim neste Museu com suas circunstâncias vitais, o mundo fugaz surge transformado em ausências, solidões que adormecem sem carinho. Beijos na memória acendem o coração no esquecimento do viver, tudo que em verdade se foi, e possivelmente será.

Num instante a tarde se vai e vem a certeza
de que o mundo que existe lá fora encolheu.
Triste, faço da casa museu de mim mesmo
e nele coloco pedaços do que fui
para melhor entender quem sou.

Com esses versos afixados na parede de uma das galerias, o visitante percebe, em sua passagem por tantas miradas do sofrer, que viver é como morrer a cada instante, tudo se resume nesse vento que passou aqui e logo desapareceu no mistério com a dureza das ausências. O que foi, o que é, o que será esvaem-se nas horas com a duração de um mesmo instante. A propósito é preciso uma explicação a essa altura da visita. Não se espere, numa visita de ausência e nostalgia, um museu com o tempo habitado de ternuras na cadência generosa da vida, pois não terá êxito o visitante, se vozes, sons e cores foram diluídos com pesares onde viveu a esperança. Os gritos que permanecem como mudos gemidos no tempo-espaço ecoam no salão onde foi erguido o sonho impossível em transe, como nuvens manchadas de sentimentos delirantes, atormentados, que dissimulando feridas fazem chover os dias como dores incansáveis.

De fato, este Museu não está estagnado, é um espaço onde se cabem outras porções de poesia, fazendo-nos pensar. Através de fortes desenhos da vida, expressa todo o peso terrestre do que está escurecido nos porões e nos desvios com as horas intranquilas. Nesse aspecto, o peso que ele traz com o seu luto faz com que o visitante encontre, por trás de negras camadas espessas de solidão, o que existiu outrora na brancura. Por isso este Museu que revela agruras agudas com a palavra fervorosa veste-se também na roupagem dos desenhos de outro poeta, dono de um timbre impregnado de tristeza, discurso sustentado por solidões solidárias, sensibilidade apurada que ressoa na beleza das letras brasileiras. As ilustrações de Álvaro Alves de Faria, agora como poeta do desenho, permitem adivinhar que há neste Museu a noite de estrelas apagadas, o dia ausente de amores, que assim se cobriu com um sol de feição obscura. Um sol que não mais pinta os desertos com as cores do mundo iluminado. Empretecido, tudo nele é como fuga, que faz sumir ternuras, num só tempo é sem afagos quando os seus raios deviam ser o amanhecer em vento ameno para cobrir os seres e as coisas com a sua flor enorme.

A vida refugiou-se na memória que faz pulsar o coração deste Museu. Apresenta-se vestida com a túnica versátil dos rumores encobertos por essas ilustrações imersas no negrume silente do seu forte simbolismo, destacando que ele possui uma alma que resvala no espelho oculto: com suas considerações e pulsações de tudo que serve de alimento da alma não brilha de alegria, embora enriqueça a parte noturna do que somos. Pode até ser dolorosa a mensagem que se encontra neste Museu do poeta Raimundo Gadelha, revestido com as figuras obscuras manchadas de saudade e solidão nos desenhos pesados de Álvaro Alves de Faria, mas quem nele adentra não pode deixar de considerar as surpresas produzidas por grave poesia, temperada com adeuses soprados com os ventos da angústia. Fica o proveito em quem o visita e sabe que sem esses ventos, versos viáveis nos amores tantos, apesar de doloridos, não há o sentido que queremos ter da existência.

Não se logra respirar circunstâncias vitais que se juntam e apontam para estes bramidos constantes, de dúvidas e silêncios, enredos em subterrânea melancolia do tempo migrado para o que fica guardado em nossos anos de pesar. No condicional possível que come os desejos, no colosso obsessivo da certeza de que todos somos um, pleno de incompletudes e contradições, nos diálogos frequentes com a vida movimentada no caos ordenado por estrofes amalgamadas de solidões, entre sonhos e abismos.

*Cyro de Mattos é ficcionista, poeta e ensaísta.
Membro da Academia de Letras da Bahia.
Doutor Honoris Causa da Universidade
Estadual de Santa Cruz (Bahia).

Tempero

Distante e agreste sertão.
Minha mãe servia-me mungunzá
e minha alma se sentia tocada.

Meu corpo com tantas lembranças
viaja tanto e de repente,
tanto tempo depois,
ofereço à minha mãe uma comida indiana.

Um olhar.
Um sorriso.
Na culinária do mundo,
renovamos nosso amor.

Espelho

Onde se perdeu o brilho dos meus olhos
ao ver o último sorriso de minha avó?

Coisas e sentimentos mudam de lugar,
criam novas forças e formas.
No tempo, coisas e sentimentos
se diluem, perdem-se para sempre.

O rosto no espelho de agora
já não é o mesmo de ontem.
Terei mudado tanto?
E o que nesse instante sinto
será minha próxima mentira?

A família é sempre
lenta desintegração de nós mesmos.

De novo, o espelho.
Saudade do ontem.
O medo do quase agora.

Paralelos e meridianos

Padeço de sentimentalismo.
Todas as coisas que não esqueço
jogam-me à beira de um abismo,
espelho diante do qual cismo e finjo
não sentir saudade do que se foi.

Tinjo a memória com as cores que me convêm.
Vem, bem de longe, o apito de um trem.
Encontro-me percorrendo, sem pressa,
cada ponto de minhas antigas cidades,
encravadas e dispersas no tempo.

Fecho os olhos e imagino o vento
abrindo janelas e soprando
cheiros e sons de cada uma delas.

Patos, Sousa, Juazeiro, Serra Talhada...

Meu pai, em grande e cigana sina,
desde cedo seguiu sua insaciável gana de sertão,
silente chamado nunca deixado em vão.
Ciente de si, sempre soube o que quis
mas foi raiz que nunca coube onde estava.

Pitombeira, Orós, Cajazeiras, Petrolina...

Das demais regiões, desdenhou.
Do exterior, nem queria ouvir falar.
Desenhou sua irrequieta existência
com as linhas de empoeiradas estradas,
tantas vezes divisadas da boleia de um caminhão.

Mossoró, Açu, Salgueiro, Iguatu...

O presente no tempo se esvai
e os presentes dados pelo meu pai
são brinquedos quebrados pelo peso das horas
ou esquecidos do lado de fora dos quintais
daquelas casas que não existem mais.

Caicó, Bananeiras, Caruaru, Cabrobó...

Lembro ainda do meu antigo e preferido brinquedo,
o pequeno navio pintado de vermelho e branco.
Em pleno sertão, a água quase transbordava
da bacia usada por mim mãe para lavar roupas.
Era só acender o pavio de sua caldeira
para, brilho ascendendo nos olhos,
vencer o desafio da oceânica travessia.

São Gonçalo, Itabaiana, Coremas, Boqueirão...

É inconteste que a geografia e as emoções
tão intensamente vividas no Nordeste
transformaram-se em afetivos elos
que carrego com orgulho por todos esses anos...
Na mente e no corpo, tenho do Nordeste,
definitivamente, todos os paralelos e meridianos.

Desvivência

Dói ver quem amamos perder a memória.
O passado foi apagado de um lado só.
A lembrança do último carinho já não existe.
Do tempo de um, tudo se evadiu,
e o próprio tempo, lento, também se vai.
Se caem as folhas, nem o vento importa.
O que foi perdeu-se num vão sem porta.

Para quem, então, escrevo se nem sou reconhecido?
Para mim mesmo. Para purgar meus pecados.

Toque eternal

Para minha irmã, Heloisa

Sons nunca antes ouvidos – quase oração –
agora são sinais rasgando o invisível.
Almas falam, sibilam reminiscências e dor.
Laços feitos ou desfeitos
tornam imperfeitos todos os tons.

O som é ópio; o silêncio, a própria cura.
Do comprimido, a sensação
de formato e brancura ineficazes.
Ingestão e comiseração enquanto lá fora,
sob brancas nuvens, o corvo tudo espreita.
Silente voo de quem pressente o fim.

Máscara e rosto; pressa e ânsia
são âncora em profundo e lento mergulho.
Do lado de lá, elos logo oxidados pela memória.
Cá, a abstrata estampa, a impressão de ruptura.
Imagens, palavras desconexas, ressonâncias.

Como escrever ou inscrever
na partitura o som de uma lágrima quedada?
Notas, resignadas expressões de adeus.
Doce crença de que uma essência permanecerá.
A memória sucumbe às horas e à própria história.

As palavras – sons, signos, símbolos –
que verdadeiro significado teriam?

A lembrança das *Bachianas*, de Villa-Lobos,
é terna, chega a ser providencial,
mas o que resiste e impregnado fica
é o trompete de Chet Baker, em *As time goes by*.
O choro quase sufocado, o aperto nas mãos
são comovente apelo à vida.

O destino é âncora sempre buscando o fundo do mar.
Lá chegando recria o eterno.

Vestido

Por estar distante, não escolhi eu mesmo
o vestido de Natal para minha mãe.
Apenas enviei à minha irmã o valor necessário.
Foi ela quem, conhecendo nossa mãe como ninguém,
decidiu pelo modelo, cor e tamanho.
Nada sei do resultado da escolha,
mas sei o quanto foi cômodo para mim.

Tentei imaginar como, na noite de Natal,
ficou minha mãe no vestido que eu nunca vi
e que nem mesmo sei qual sua cor.

É triste e não tem conserto:
não fui eu quem deu o vestido,
posto que quase sempre estive ausente
e sei que o mais valioso presente é a presença.
Enviei a quantia necessária,
mas foi minha irmã quem deu cor, forma,
e a ela seu tempo inteiro sempre dedicou.
Eu nem sei se minha mãe usou.
E se o tiver usado, com o que ela combinou?
Uma sandália? Um sapato de salto bem baixo?
Aquele antigo colar de pérolas? Um laço no cabelo?

Em meio a uma prece nunca feita, o sobressalto:
Depois de ter sido filho por tanto tempo distante,

num instante sou pego em cheio pela constatação:
não há regresso, não há mais físico encontro.
E o que fica, além da dor,
é um vestido, sem forma e sem cor,
para sempre pendurado no guarda-roupa da memória.

Prece

Na barra do tempo, pesco lembranças.
Longe, atiro o anzol sem isca
e do açude recolho reflexos do sol.
Sonho brilho de escamas
de peixes que nunca virão.
Sinto-me feixe de espera
do milagre que ainda desconheço.
Junto palavras molhadas
trazidas por um vento miúdo.
Amiúde, penso um poema feito de barro.
Varro de mim estilo e forma.
Quero, repito, anzol sem isca.
Pintarei delírios com as cores do arco-íris
e do seu pote sairão, não moedas de ouro,
mas o sorriso de minha amada.
Vindo do barro, por tanto tempo trabalhado,
seu corpo, nu e muito além do belo,
é pintura, escultura e templo.
O poema torna-se, então, silenciosa oração.

Vínculos e dilacerações de um espaço-tempo

I

No espaço onde há muito foi construída a minha casa
ergue-se agora sem cor e sem forma um grande vazio.
A terraplanagem transformou tudo em indiferente solo.
Hoje com passos imprecisos passo à sua frente
sentindo que é preciso preservar a memória.

Ali, bem no centro, havia uma árvore pendente.
Seu tronco rangia – lenta agonia – ao sabor do vento.
Nos dias de tempestade, seus galhos agitavam-se
como os braços de quem se afoga em escuro mar.

Folhas e flores dependentes e indefesas caíam
e misturavam-se a papéis com velhos escritos,
pontas de cigarros, fezes de pombos, escarros...
Tudo unificado pela chuva e levado aos mesmos esgotos,
onde o mesmo tratamento é dado a todas as diferenças.

Também vivos na memória estão enferrujados arquivos,
ainda guardando em impune silêncio inúteis segredos.
Documentos desbotados, cartas de amor devolvidas,

diários, retratos, eternos e inacabados poemas.
O passado pouco a pouco consumido pelas traças.

Ainda mais nítida, minha própria imagem,
sob a árvore com o tronco em iminente queda,
tentando escrever um poema (suicida inspiração?).
Eu, *homo erectus* – guarnecido com ternura,
por aquela pendente e agonizante forma de vida –
solto o pensamento e quadro a quadro
vejo o que concretamente não mais existe.

Sob o sol, o solo que abrigou minha casa,
é espaço desterrado, o palco onde
vejo-me despojado de tudo o que era familiar.
O portão de ferro, agora parte dos escombros,
remete-me a um trem na estação da infância.
Longínquo sertão, agudo apito a povoar sonhos.

II

A Casa-Grande na fazenda dos meus avós
tinha noites bordadas pelo canto de cigarras e grilos,
pelo coaxar dos sapos e os uivos de cães errantes.
Também o deslumbramento das histórias de trancoso
e o espanto na hora de dormir com as lendas de botijas,
almas acorrentadas e vaqueiros em mulas-sem-cabeça.

Nas paredes, antigas e desgastadas molduras
acolhem retratos amarelados de pessoas que eu nunca vi.
Estandes guardam livros cheios de digitais de fantasmas
que, em vão, aguardam um contato qualquer.
Exalam cheiros que se confundem com o pó – vida
em repouso.
Pó que o vento não hesita em suspender e fazer bailar.
Partículas em enigmática suspensão,
dispersando-se e integrando-se a outras formas.

III

A visão de minha casa flutuando em lembranças
contrasta com pedaços de concreto e ferro retorcido.
Os tijolos quebrados arrancam outra imagem da infância:
farelos de bolacha água e sal no fundo do pote de vidro.
A prateleira ao lado do fogão, sempre fora do meu alcance.

A dor maior reside na inarredável certeza:
a casa que foi minha não sucumbiu naturalmente.
Foi sem perda de tempo assassinada.
Estampido único não houve, morte aos poucos.

E tudo o que nela foi sentido, tudo o que nela –
com unhas arranhando as paredes – foi escrito,
onde para sempre terá se escondido?

Sobram dúvidas, memória sem nítidos contornos.
A árvore pendente caiu no fosso do tempo.
Luz, florescência, ampulheta, breu.
Sou o verdadeiro assassino daquilo que um dia foi meu.

Inteiro e fração

Quem parte
leva e é parte
de tudo o que fica.
A árvore fincada à paisagem
tem folhas ao vento
por toda parte espalhadas.

Tudo no tempo se reparte.

E, de novo, a parte é o todo,
o tempo todo pronto para tudo.
Do mundo cada pessoa é um pedaço,
um laço flutuando no espaço.
Sempre vislumbrando o paraíso,
sempre a um passo do abismo.

Reflexão sobre a devida medida de vida das coisas e pessoas que amamos

Disseram-me que jogasse fora, descartasse
o par de tênis que me fora dado de presente.
Como o abraço que se desfaz depois da despedida,
que desamarrasse pela última vez seus cadarços
e laços desfeitos para sempre os deixasse para trás.
Velho, ele traz as marcas do excesso de uso.

Hesito. Olho para os meus pés, penso em meus pais.
Após tantos passos eles não estão mais aqui.
Nó na garganta, puxo pela lembrança, mas não adianta:
não me vem a imagem de um único par de sapatos
que um dia minha mãe ou meu pai tenha calçado.
Inarredáveis, em minha mente, apenas seus rostos.

Na estante a foto de minha filha mais velha,
sob a silenciosa ação do tempo, perde e pede definição.
Antes do descarte ou desterro, penso na vida útil
daquilo que tivemos e daqueles que nos tiveram.

Tudo remete a uma profunda tristeza.
O par de tênis preto já desbotado e puído.
O ovo na velha frigideira, cabo prestes a cair.
O jornal de ontem descaracterizado pelo novo.

O terno azul-marinho surrado e fora de moda.
A camisa preferida maculada pela irremovível nódoa.
Os discos para os quais não mais existem toca-discos.
A antiga máquina de datilografar cujo uso
nunca foi testemunhado por minhas filhas.
Que dizer, então, do rádio de pilha do meu pai?

A verdade é que tudo se vai, tudo se esvai.
Coisas e pessoas vão, desaparecem no vão do tempo.

De novo olho para o par de tênis a ser jogado fora
e justo agora lembro: foi um presente da filha mais nova.
Ela cresceu e, sem percalços, ganhou o mundo.
Cresceu tanto que eu próprio já não sei de seus passos.

Coração-arapuca tenta aprisionar respostas
às inquietações acumuladas no tempo.
Muito do passado pisado foi por passos
desse calçado que logo será abandonado.

É certo que nenhum resquício ou marca ficará.
Todos os passos sumirão como nuvens que passam.
Como pássaros que, quando sangra o entardecer,
singram os céus sem nunca deixar rastros.

Lá no alto, no quase invisível, astros continuarão a brilhar.
A memória – do princípio ao fim –
terá o mesmo ofício de perpetuar o que se foi.

Voo

Ao sentir ter chegado o momento,
despi-me do medo e, sem hesitação,
arranquei de mim todos os demônios.

Uma leve brisa vinda não sei de onde
soprou-me sensação de liberdade.

Tomei o silêncio como irmão
e, quando sob nuvens caminhávamos,
feliz eu contemplei Deus,
que voava nas asas de um pássaro.

Inquietações

Minha mãe contava que, nas noites de lua cheia,
gritos assustadores vinham do antigo casarão.
Mesmo sem nunca ter ouvido,
eu tremia de medo ao passar por aquela esquina.

Sempre muito mais forte era o desejo
de colher a mais bela flor do proibido jardim
para a amada guardada em segredo.
Na lembrança hoje tudo refaço.

O salto sobre a cerca traz sobressalto,
mas logo circulo entre as flores.
Penso nos gritos dos supostos fantasmas.
Que crimes teriam cometido para tais penitências?
E eu, prestes a roubar uma flor
do interior do casarão, um dia também gritaria?

Sob os silvos de uma saraivada de vento,
por um momento penso ouvir gritos
e fico aflito antes de perpetrar o roubo.
Mas, num arroubo sob a luz da lua cheia,
arranco a flor em todo seu branco esplendor.
Fujo com espinhos sangrando minhas mãos.
Comovido, deixo cair minha própria máscara.
Os fantasmas do casarão não existem.

O que eu sonhei ser, não existe.
A amada, guardada em segredo, não existe.
A branca flor agora de nada serve.
Minha mãe, que também já não existe,
partiu sem nunca me ter dito que é dentro de nós
que ressoam os mais tenebrosos gritos.

O que hoje existe e persiste é um grande vazio.
Incômodas verdades explodem dentro de mim
enquanto a vida escorre sem graça.
Simples assim.

Ao vento

Não terei pressa.
Presa não serei
de desordenados movimentos.
Esses gestos, tão largos,
não se harmonizam com o que sinto.
É necessário respirar com cadência.
Com paciência é que tudo deve ser feito.
Ser rarefeito é expandir-se no todo.

O relógio que você não usa,
seria adorno de que você não precisa.
Imprecisa, o entorno você não vê
e torna maior a distância
daquilo que nem tamanho deve ter:
o sentir no outro a própria alma.

Sem calma, perde-se o norte
e, mesmo forte, o que se vê é um lado só.
Atente, então, para esta moeda
girando e brilhando em nossas retinas.
O jogo pode ser uma possibilidade
ou a certeza de que, quando se gosta,
não importando a face, vale a aposta.

Mergulhe na vida e no tempo.
Do relógio não tema os ponteiros.

Vinte e uma horas, quarenta minutos e sete segundos
marcando o desejo de um longo beijo.

Cigano

Ao tempo, abro e espalmo minha mão.
O vento sopra no sentido Leste-Oeste.
Com desleixo, deixo que ele leia
tudo o que do Universo nela está contido.
E como se minha mão fosse um espelho,
vejo o meu mundo nela refletido
e percebo a necessidade de zelo com tudo.
Homens
Bichos
Plantas
Tempo
O vento diz o que eu não sabia
e assobia o que eu nunca entendi.
Mostra-me dividido em dois.
Um é o ser que se foi e hoje é só memória,
e este outro, presente e preso
a todo instante ao passado estanque
vislumbrando o obscuro futuro.

Ah! o vento, o tempo, a infância.
O pião rodopiando na palma da mão,
relógio girando rápido, ignorando o sim e o não.
O tempo, o vento, todos os meus intentos.

A nostalgia me reinventa.
Ideia, centopeia de abismos grafados no espelho,
paraíso ou profundo precipício, na palma da mão.
Seus sulcos são estradas que levam a antigas lembranças
e nelas o reconhecimento do espaço onde um dia me perdi.

Tão diferente eu fui por tanto tempo
sem nunca preocupar-me em ser.
Sonhei-me tantas vezes buscando
um selo para a realidade,
carta postada e para sempre extraviada.

Sonhei-te bem-amada, invencível armada
a conduzir meu presente e futuro por mares desconhecidos,
e no escuro teci catedrais, suntuosos altares.
Mas, eu outro, de mim mesmo me escondi.
Não fui à tona, verdadeiramente não toquei teu rosto
e por tanto tempo refugiei-me em teus porões.

Vida, hoje do vento consigo ouvir:
a volta ao antigo endereço nunca é recomeço.
Tudo é triste constatação do que ruiu,
daquilo que pensávamos ser eterno.

Sentindo essa brisa que vem de longe,
dói ver parte do que fui sendo frágil recordação.
O grupo escolar transformado em grande fábrica.
O supermercado onde era o lago em que nadava.
As ruas mantidas sem antigas casas,
cadeiras nas calçadas, referências humanas.
Incomoda sentir-me nesse espaço
que hoje parece menor e cada vez mais distante.
Que destino tomaram todos os amigos?
E aqueles pássaros para onde voaram?

Não me engano, o vento é cigano.
Dei-lhe a mão, com ele conversei.
Entendi que sou apenas uma pequena história
de tantas outras que no tempo ele espalha.

Saída de emergência

Se emergências me consomem,
abro todas as portas e sofro,
pois só esbarro em ausências.
Pensei ser o que eu construí,
moldado em barro e raiz.
Faz tempo, a ponte ruiu.
O sonho é chafariz sem água,
esperança que em silêncio se esvai.

Nado com peixes mortos
no lago que desconheço.
Já não diferença
entre o ontem e o agora,
entre o fim e o começo.

O espaço antigo de novo aqui está:
sala de jantar sem mesa posta,
cadeiras clamando por respostas.
Preciso mesmo com urgência
encontrar o segredo da porta
e assim voltar para mim.

No fim do filme, fecharei os olhos
e lentamente apalparei paredes
para achar a saída de emergência.

Depois lá fora, na fria calçada
um anjo distraído pegará minhas mãos
e me abrirá portas nas nuvens.
Então, leve, irei voando para o nada.

Esteira

Nunca vi meus bisavós.
Eles se foram e deles não ficaram
fotos, histórias ou simples lembrança.
Meu avô paterno morreu sem que dele
eu tenha contemplado um único sorriso.
Do meu avô materno, o que sobrou
foi um rosto de duvidosa fidelidade,
composto a partir de vagas narrativas.
Lilita, a mãe do meu pai,
eu vi uma única vez no hospital,
pouco antes de sua morte.

De Miquinha, a mãe de minha mãe,
recordo com carinho das poucas vezes
em que desfrutei de sua companhia.

Hoje nem sei dizer se restou
qualquer um de todos os tios e tias.
Morreu também meu pai,
muito antes do esperado.
Ainda mais prematuramente,
morreu minha irmã mais velha.
Morreu minha mãe, raiz maior,
poucos dias após o Natal.

Na esteira, respiro ofegante,
suor escorrendo pelo rosto...

Duro e triste esse constante exercício
de entendimento e preparação para a morte.

Interiores

No excesso, identidade não há.
Da janela, vejo milhares de edifícios
e é difícil encontrar o que importa.
O ruído do helicóptero fere meus ouvidos.
Invadido sou por uma profunda comoção
que se instala sem qualquer explicação.
Deve ser apenas simples e aterradora tristeza.

O lá fora amplia o mistério que não alcanço.
Cimento, tijolos e aço constroem guetos de solidão.
Na busca do concreto, perde-se a essência.
De tudo o que se diz, o não é o que mais ressoa.

Demorei séculos, mas hoje entendo.
Uma casa sem pessoas é corpo sem alma.
O corpo sem amor é um grande vazio.
Vai e vem, mas escopo não tem.
É bonsai que desidrata no deserto
e o perto está sempre repleto de ilusão.

Entre o ter e o ser, balança a ponte do sentir.
É preciso fazer da casa corpo, abrigo da alma.
No mesmo espaço haverá ausência e jardim
e a mim caberá ser pleno em cada estação.

Trem, sempre passarei sabendo
que o piso e o teto da casa são minhas asas.
Apitos estridentes, suavidade de voo.
Com meu espaço-casa irei para o distante.
Mas nem por um instante daqui sairei.
Num único suspiro, contemplo a eternidade.

Fotografia

O tempo é outro,
não este que tanto dura e incomoda.
O lugar é aquele
mas não sei se ainda existe.
Nele quero entrada e perpetuação.

A barragem do açude é represa das horas.
Presa na lembrança, uma ave voa ao entardecer
e sem pressa desenha no minguante azul
seus cem infinitos círculos de solidão.

A paisagem sugere que nada deve ser dito.
Nesse mundo distante nenhum grito seria ouvido.
Mais que sentido, o silêncio se impõe.
Às águas e aos peixes.
Ao tempo, à leve brisa
e à criança que ainda vive em mim.

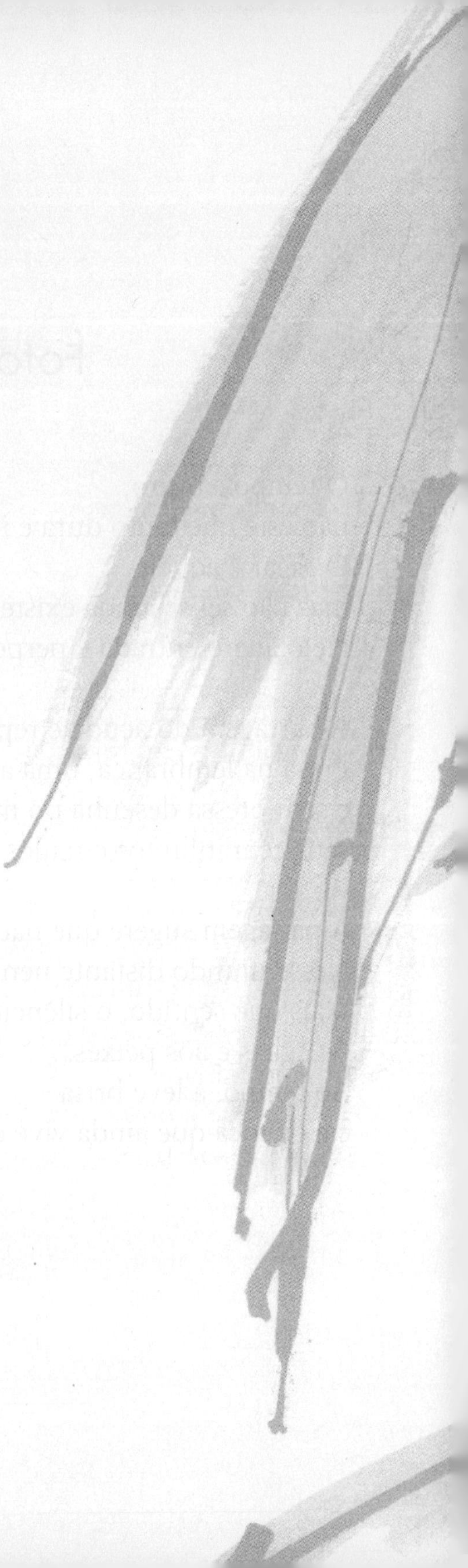

Caminhos

Tento entender
os caminhos que faço:
os passos que dou
deixam-me dividido
entre sorriso e dor.

Sempre me perco
no meio dos caminhos.

Recolho pedras
e com elas marco
a volta não desejada.

Busco os caminhos
para sonhos impossíveis.
É minha sina:
a cada desencontro
finjo que sou feliz.

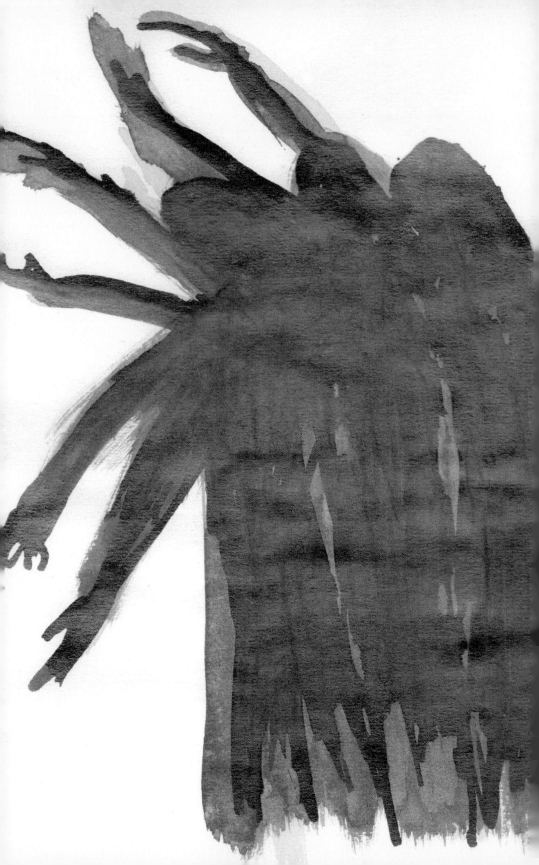

Sutis indicações

Icebergs apontam dedos de gelo para o céu.
No degelo, lenta e silenciosa perda,
horas sangram no tempo
enquanto aves singram nuvens.
Nenhum destino certo, basta voar.

Olhos e matéria na erma paisagem.
E de passagem a apreensão:
tudo verdadeiramente conta,
mesmo quando nada consta
além da sensação de frio e solidão.
Dou-me conta que essa dor
há de passar leve, voo de pássaros.

Comovo-me, terei cuidado do meu corpo
quando a alma, seu encorpo, vagava por aí?
Ah, inquietante e indefinida grandiosidade,
semente, pedra plantada bem fundo no peito.
E de repente, muito antes do florescimento,
sentimento que se perde no lá fora.

A mente é um iceberg
com dedos que tudo querem tocar.
É um vasto deserto com montes de lembranças,
armários do que ficou para trás.
Eu, já não sou o mesmo, apenas as palavras –

oxítonas, paroxítonas, proparoxítonas – soam iguais.
Aponto no horizonte e o que não vejo que tanta falta faz.

O vento apaga ou alastra chamas.
O tempo enferruja castiçais.
E num segundo, de longe, uma voz murmura:
Parta, mas não deixe que se parta o sonho.

Mais forte, a visão do iceberg
em sua branca, azul e monolítica solidão.
Quantos séculos ainda para o completo degelo?
E depois, misturado ao moinho-mar,
qual será seu novo destino?

Sem pressa, junto as mãos
numa prece logo quebrada pela associação:
Meu Deus, meu dedo indicador,
este aqui da mão esquerda,
é quase tão pequeno quanto o teu.
As medidas, levemente diferenciadas,
são sutis e inexplicáveis indicações.

O iceberg, em silencioso apelo,
ainda aponta aos céus os seus dedos de gelo.

Cores

São negras as sombras
dos brancos, vestidos de preto.
São negras as sombras
dos negros, vestidos de branco.

É vermelho o sangue
dos brancos, negros
e de tantos outros seres.

Quando não mais há luz,
sem corpo e sem sombra,
somos todos iguais.

Silêncio

Consumado, o silêncio pleno se fez
e rápido foi consumindo esperança.
Arrancou da noite sonhos e o próprio futuro.
No muro do desejo, com as unhas
riscou palavras de adeus.
Fez do tempo uma ponte,
um ponto de lembrança entre real e imaginado.
Viu tudo transformado em ausência.
Ausência de carinho, beijos, memória.
Esquecimento do que em verdade se é.

O silêncio – profundo e denso –
foi se esparramando sobre tudo,
revirando sobras de momentos únicos.
Silente, avançou e arranhou a alma.
Cavalo desgarrado, quebrou o aquário,
surda dança da falta de ar.

No pasto, vasto pensamento,
o vento espalhando-se silenciosamente.
Silenciosa saudade, tempestiva dor.
De onde tanto silêncio?
De onde este espaço tão cheio de ausência?
São reais estes lábios que permanecem cerrados?
Nesse tempo dissolvente e carente de ternura,
eles parecem ter o poder de calar o mundo.

Estariam estes lábios contaminados
ou tudo é apenas a ausência de um beijo?

Para o desterro do ser,
desenterrou sementes sob o sol.
Invadiu quintais, derrubou cercas
e com causas e fins aparentes
foi passando e ocupando espaços.
A verdade sumiu nos confins do nada.

Busca

Por não ter transparência,
alargou janelas, demoliu paredes,
escancarou todas as portas.
Tudo fez para que a luz entrasse.

Por continuar na obscuridade,
quebrou os vasos de cristal
e descalça sobre os cacos caminhou.
Sob o sol do fim de tarde,
deixou para trás um rastro de sangue.

Enluarado

Expor-se ao vento
e perder espinhos
como se pétalas fossem.
Seguir um novo caminho
sob o mesmo céu,
nuvens sendo misterioso véu.

O assobio de uma antiga canção
traz na noite a certeza:
enluarar-se é ter em um segundo
o desconhecido revelado.
O sentir ignora máscaras
e não mede distância.
Sem medo solta-se na estrada
levando na bagagem dor e ânsia.

Coração-poema-rasgado,
voa e emaranha-se à Terra.
Animal insaciável, vaga no teto do céu.
Nas raízes das nuvens,
busca as próprias matrizes.
e cria um mundo enquanto outro se desfaz.

Despido dos espinhos, envolto em melancolia,
reverencia o que ficou pra trás.
Então atraca sem mapas ou bússolas
no durante tanto tempo procurado cais.
Sussurra ao primeiro vento que passa:
"Por mais que se faça,
viver só se for em dionisíaca paz."

Fuga da fé

Ventos de muito tempo modificaram a paisagem.
Montanhas e catedrais perderam a forma.
Com vida própria, a fé fugiu.

No infinito azul estrelas foram em seu encalço.
Marcharam em procissão até a quebra de seus cajados.

Em terra firme, rebanhos foram dizimados
e suas peles transformadas em carteiras.
O que guardavam já não tinha qualquer valor.

Enquanto isso, no fundo do mar,
um sino transforma-se em aquário
e peixes famintos mordem o tempo
em suas bordas enferrujadas.

Sons, cores e outras abstrações da solidão

Bastou vê-la no meio da multidão
para desejar entrar em sua vida,
decifrar cada detalhe de seu rosto.
No sonho tudo criamos e podemos.
Mesmo sem nome, só por existir,
ela já dissipava minha solidão.
Mas entre tantos outros
seu rosto era inacessível.

Mais do que visto, sentido queria ser,
mas, mesmo perto, ela parecia não me ver.
Nitidez e distância havia entre nós.

Vidro, espessa e transparente lâmina,
vitrina onde tudo pode ser visto, não tocado.
Na fantasia, reside o encontro possível.
O ranger das rodas sobre os trilhos.
A dor da finitude do brilho dos seus olhos,
o meu olhar à espreita de um gesto,
um som, uma sílaba a mim direcionada.

Ela seguiu imersa em sons indecifráveis.
Dos trilhos, ranger ainda mais intenso e próximo.
Desembarcou na estação Konstanstabler-wache
e aos poucos foi desaparecendo na multidão.

Seu olhar em nenhum momento encontrou o meu.
Sem possibilidade de encontro, veio o vazio,
a sensação de ter nas mãos uma carta nunca enviada.
E tanto, por tanto tempo, haveria por ser dito.
Tantos poemas para serem escritos.
Tantos momentos a compartilhar.
Tudo nascendo e sumindo em um olhar.

Como seria a vida da dona dos olhos cor de feitiço?
Como sua intimidade, seus lábios, sua língua?
Fico a imaginar o cheiro de seus lençóis.
E à mesa de cabeceira, que livro repousaria?

O shampoo preferido, perfumes e rubros batons...
Na geladeira, fixada com um imã,
nunca estará uma foto minha.
Na agenda, sobre a bancada da cozinha,
o número do meu telefone será ausência.

Ela se foi.
Nunca mais aquele olhar enfeitiçado.
Quando fingiu não me ver, ela, sem saber,
fugiu de tudo aquilo que eu precisava ter.

Ascensão

Faz tempo passei a misturar as coisas.
Muitas vezes nem sei se vi ou se sonhei.
Escrevo abstrações como se fossem realidade.
Confundo meus poemas com minha existência.

A verdade é que hoje nada faz diferença.
Sem resistência ou crença absoluta,
sigo arrastando antigos sentimentos.
Outros chegam e se instalam de repente.
Todos, pinturas expostas na íntima galeria.

A catedral perdeu suas raízes
e, na escadaria de brancas nuvens,
degrau por degrau, foi subindo ao céu.
Ao lado, outras nuvens giravam
e lá longe trotava sem sela um formoso corcel.

Abaixo um velho de olhar triste acenava.
Bela cena de nau-catedral no meio do infinito.
Das arquivoltas anjos e santos se foram
e lá ficaram ternas estatuetas de bailarinas.

Nas incrédulas retinas, borboletas
delicadamente colocam tudo em suspensão.

Alma

De repente, imaginando-me radiografado,
vejo-me esqueleto sem carne e sem músculos,
tocando asperamente tua pele.
Nessa visão longe da tua,
para onde então foi minha própria pele?
Os ossos, navios sem mar,
são os destroços da alma.

Vendo-me esqueleto e contemplando-te inteira,
seria essa minha derradeira estada contigo?
E essa estrada, por que se estira repleta de perigo?
Ter um abrigo e não a completa exposição,
é quase sempre momentânea e necessária tristeza.
O sonho liberta a alma,
a sensação de pés no chão acalma.

O rio que flui é fio que o escuro pouco a pouco dilui .
Sou, fui, serei não sei o quê,
mas sempre comigo a certeza terei:
tudo menos a estreiteza do contentamento
com uma curva qualquer deste rio.
A um dia nublado em pleno verão,
um morrer sereno em uma fria tarde de outono.

Águas passarão,
o tempo para sempre ficará impregnado de lembranças
de tudo que poderia ter sido e não foi.
E neste instante meu esqueleto estende o braço
e, sem medo, tenta tocar teus dedos mais uma vez.

Então, sob a tez inexistente, ele sorri.

Projeção

Fosse eu dois,
faria o seguinte:
um, de imediato, iria para o Tibete.
O outro riria muito
e deixaria tudo para depois.

Vestígios

I

Apressado, dobrei a esquina da infância antes do tempo
sem tempo para ver meu viver-menino ser atropelado
em tantos intermináveis becos, ruas e avenidas.

E sem que nunca o devido socorro fosse prestado
à criança existente mais fora que dentro de mim,
fui embora, alma cada vez mais correndo mundo.
O que ficava para trás era logo encoberto pela tênue
e providencial poeira que eu mesmo na estrada levantava.

II

Agora, sou um velho e aqui estou
neste parque, bem em frente ao lago,
com os ossos rangendo saudade
sobre o banco de concreto.
Meu olhar, decerto, estampa uma vontade perdida.
Sei, hoje sou justificada ausência de pressa.
Nuvens passam, delicada prece.
A sensação de vida passa, migratórios pássaros.
O lago, uma árvore, uma rocha, um casal ao longe.
Imagens impregnadas de sinais cada vez mais frágeis.
Forte apenas a certeza da repetição

do caminho de todos, no único sentido inverso.
E após a agonia, sem alento, do lento desviver,
eu, todos nós seremos algo, alvo de pouca lembrança.
Desbotadas pinturas recolhidas a uma parede qualquer.
Amareladas fotos – em desalinho com o tempo,
janelas abertas, cortinas ao vento –
postas sobre o móvel no canto mais isolado da sala.
Inarredável a ideia dos vestígios de tudo.

III

Os vestígios são cicatrizes, rugas, cabelos brancos.
Estão em nossas vestes, em nossos bolsos,
no esboço ou esforço de um sorriso.
Os vestígios estão em nosso torto caminhar,
em nosso olhar mareado pela lembrança que não vem.
Estão em nós, vestígios que somos
daquilo que foram nossos pais.
Nossos filhos – sejam como forem – são vestígios,
indicações de tudo o que fomos quando já tivermos ido.
Os pais, então, serão um país distante.
Um país do qual o tempo, sem perguntar, nos desterrou.

Entre aparências, vestígios, evidências,
o emaranhado da vida somos nós.

Notas brancas

Silêncio é o que importa.
Tirei os sapatos, olhei os gatos
e para o nada, nas pontas dos pés,
lentamente caminhei.

Bailarino sem jeito e sem música,
girei imaginando um mundo
que, sei, não existe.

Olhos baços, sem horizonte.
Fechei janelas, cerrei cortinas
e, olhando paredes nuas,
calei em mim todo o sonho.

Preciso é de silêncio e música.
Segredos de silêncio em mim,
e, assim, tolo mas sem medo,
embarco num navio sem volta.

Mergulho

Antes que da vida se extinga o pavio,
sereno enfrentar o desafio
e somente seguir em frente.

Não somente ignorar o cadafalso,
mas também, a cada passo,
conquistar um novo espaço.
Fatos nefastos,
deixar no tempo esparsos
e não ver a hora de
quebrar antigas bússolas
na bigorna da aurora.

Rasgar todos os mapas,
como fatiadas são
as sombras do fim de tarde.
Com o fogo da paixão
incendiar cartas de navegação.
Mas sempre manter nos bolsos
os esboços das cartas de amor.

Saber que, seja como for,
é impossível não chegar,
pois o rio é curso onde se é enquanto se vai.

Recurso com que se ergue o sonho
e de onde a esperança nunca se esvai.

Depois, tudo é apenas continuar
imerso no mais profundo sentir.

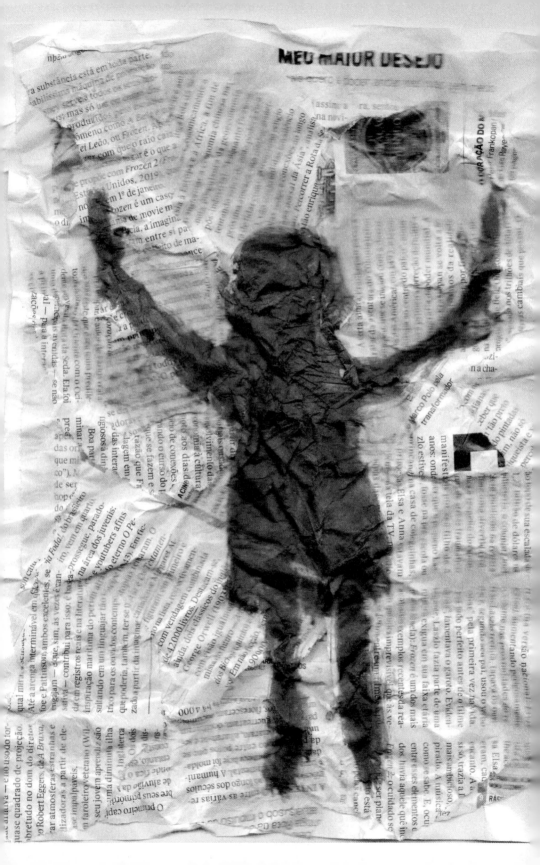

Jornal de ontem

Do lixo do bairro de luxo,
o mendigo retira o jornal de ontem.
Fixo nas letras e fotografias,
seu olhar parece perdido no tempo.

Semblante sem brilho é vão de vaga história.
Animal ferido, emite estranhos grunhidos
quando trêmulas mãos rasgam a primeira página.

Os pedaços, coloca sob as mangas do roto casaco.
Todo o resto sem pressa ele reparte
e distribui pelo corpo cada parte.

O caderno de economia, ávido, põe nos bolsos.
Olha atentamente as imagens do suplemento de cultura
antes de enfiá-lo na parte frontal das calças.

Lembra que um dia sonhou em ser jogador de futebol,
dobra as notícias do esporte e as enfia nos sapatos,
agora chuteiras de um campo minado.

O destaque do campeonato mundial de boxe,
golpe certeiro, coloca abaixo da linha da cintura.
Com os classificados, já noite, forra a fria calçada
e antes de adormecer com o horóscopo nas mãos,
esboça um sorriso ao comtemplar as estrelas.

Portal

Não suportava mais ficar ali.
Alimentou sete esperanças de fuga
depois de sete promessas não cumpridas.

Aquela que foi sua casa virou sua cela.
Sem medo, selou a própria sorte
e de longe a entregou ao vento.
Nas janelas não queria tocar.

Desmontou todas as portas
e de uma delas, separou a moldura.
Com ela sobre a cabeça, ganhou as ruas
em sua sina de pagar as sete promessas.

Passou a ser seu incansável ofício
emoldurar sonhos com as sobras da porta.
Sob o sol, eles tinham a forma de nuvens.
À noite, assumiam o brilho das estrelas.

Sete dias e sete noites de sacrifício
até ser jogado em um hospício,
condenado a não mais emoldurar
qualquer sonho de nuvens ou estrelas.
Do mundo foi separado por sete pesadas portas.

Sem chaves ou esperança, nada mais importava.

Dissolvências

No segundo ou terceiro uísque, o telefone tocou.
Os segundos seguintes doeram uma eternidade.
Meu melhor amigo da infância estava morto.
Completei a dose e mergulhando no silêncio
fui tomado pelo desejo de escrever-lhe um poema:

Ao saber-te morto, desejei que a morte fosse
apenas a solidão de um apartamento no Rio.
Ao saber-te solitário, solidário desejei estar por perto.

O poema não me trouxe qualquer alívio.
Continuou a dor de corte de faca sem lâmina,
amputando uma parte de mim.

Mais uma dose e vem a ingênua lembrança:
Criticava-me por colocar cinco pedras de gelo.
Dizia que bastavam duas, para preservar o sabor.
Ria e falava que meu uísque eu bebia como quisesse.

O gelo dos copos se vai, o calor dos corpos se esvai.
Sua falta sempre permanecerá, sombra sem corpo.
De que muro meu amigo, sem aviso-prévio, saltou?
E em que solidão ou escuro ele estava?

As garrafas vazias encherei com acenos.
Mesmo que nunca sejam encontradas,

conterão o que sinto pelo amigo que se foi.
Pensar que continuarão flutuando em oceanos afora
trará a sensação de um certo conforto.

Agora, bêbado, não consigo decidir:
Afinal, no uísque, duas ou cinco pedras de gelo?

Anonimato

Foi-se a sensação de pertinência.
Demorou, mas não moro mais em mim.
Desse chão, antes tão seguro espaço,
as minhas raízes foram cortadas.
Rasguei a identidade e no desencanto
escondi-me num canto qualquer da cidade.

No rosto o que enxergo são máscaras.
Dele, há muito, o espírito foi deposto
e quando tudo parece ser cruel demais,
de repente, eles chegam e tiram minha vida.
Depois arrancam os meus dedos
e deles raspam as digitais.

Do alto a alma, que tudo viu, lamenta
os poemas que não mais serão escritos.

Dentro e fora

De dentro para lá fora
transponho o limite e, ao fechar a porta,
já não suporto o peso das chaves.

A rotina consome a sensibilidade,
ergue castelos de solidão.
Retinas testemunham o vazio.

No retorno, desânimo ainda maior,
as mesmas duas voltas para abrir
e, já dentro, mais duas para fechar.

Não quero falsa sensação de segurança
quando falta leveza em tudo.
Perco-me no meio do caminho
que existe entre dentro e fora.
Desaparecem referências e sentido
e é no desapego que busco redenção.

Imagino um céu que, sei, não existe.
Nele cato estrelas, conchas cintilantes.
Bebo do mar que escorre em minhas mãos.

Em meu sonho caminho feliz,
pois a casa que habito não tem portas.

Cores fortes de uma tela em branco

Contemplar estrelas
e ter dentro de si silencioso brilho.
Nos trilhos do Universo,
seguir sempre ser sideral.
Sensibilidade além, muito além
de qualquer conceito de bem ou de mal.

Chegar ao mais fundo de tudo.
Do mar, olhos úmidos,
encantar-se com o canto da sereia.

Lobo faminto e solitário,
uivar em noite de lua cheia.
Visionário, contar os grãos de areia
que erguerão seu próprio castelo.

E, com o martelo dos deuses,
quebrar a fina lâmina
que separa o sonho do real.
Nesse leito ideal, ter sono profundo.
Sem hora e em qualquer lugar do mundo,
despertar pleno e liberto animal.

Abstrata distração

Dedicar os olhos ao horizonte,
ante o vasto mar,
é distanciar-se do olhar comum.
Enxergar além do óbvio
é sentir o que há na abstração.

Não esquecer o risco da distração.
O mundo é falso, é palco, é asfalto,
é uma passista bêbada de brinco e salto alto.

Nós somos feras, esferas girando
em longas ou breves esperas.
Nós somos nós para o desate, sóis, solidões.

No zoológico bichos brutamente enternecidos,
domados e entregues aos rotineiros atos.
Olham, divisam espaços em gradeada harmonia.
Gritam, pulam, comem.
Parecem fingir que são o que gostaríamos que fossem.

Do pensamento cai um espelho
e nele, resplandecente e vermelho,
o horizonte em pedaços se esvai.

Terna carta náutica

Quero que te descubras para nos cobrirmos
com o amor que de nós transborda
e sermos porto seguro e navio sem rumo.
Tenho no rosto o brilho dos faróis
quando afagos me fazes.

Afogo o passado num lampejo
e com o sonho faço as pazes.
Só, não vejo sentido na travessia.
Longe, vago com olhos umedecidos
com o peso de séculos em cada hora.

Do profundo mar que és,
serei ilha cercada de liberdade.
E sem que haja vontade de chegar,
cruzaremos todos os mares
e a cada vez que me olhares,
por inteiro me entregarei
para perder-me no mergulho.

De lá voltarei com um sorriso
e o mais pleno orgulho de te amar.

Palavras plantadas ao vento

Quero morrer tendo no rosto
o semblante do tempo não vivido.
E peço, não se espante
se no último instante eu sorrir.

Feliz, poderei seguir adiante
tendo tuas mãos em minhas mãos.
O sorriso será esse mesmo,
do palhaço que eu sempre fui.

Colocarei o nariz vermelho
e olhos ainda mais brilhantes lembrarei:
fui fonte seca e também chafariz.
Da vida tive quase tudo o que quis.

Parto e contigo reparto intenso sentir.
E antes que o sol se ponha,
em lúdico e derradeiro alento,
eu te darei minha caixa de poemas,
que são somente palavras plantadas ao vento.

Quadros poéticos de um tempo de isolamento

Estrela ascendente

O brilho do passado ressurge,
sol depois de longa tormenta.
O presente é saber que o futuro
sempre a ele esteve atrelado.

A memória resgata e mistura
acontecimentos e lugares distantes.
Sei que nada será como antes,
mas com ternura preservo cada detalhe.

O tempo entre o ontem e o agora
foi nau que me escondeu de mim.
Foi um mal, castigo que mereci.
Sempre naveguei sem me importar
com a partida e o porto de destino,
posto que seguir sob sol e estrelas
era descobrir-se no encantamento.
E tantas vezes cobri-me e descobri-me
na solidão da infinda viagem.

O tempo de aparente liberdade,
em verdade foi dolorosa pena
marcada pela ausência da amada.
Segui, então, navio sem esquadra.
Para trás ficou, na parede desgastada,
o relógio que parou nas seis horas
de uma aurora que nunca vislumbrei.

Fui navio a cruzar mares bravios.
Inocente, nas jornadas inconsequentes,
pensava ser guiado pelos astros.
E em tantas noites de lua cheia,
deixei-me levar pelo canto das sereias.
Em tantas outras rasguei todos os mapas
e, ávido, segui os vapores de fugazes amores.

Na travessia do passado a esse instante,
depurei-me a cada pôr do sol.
Já não importava o antigo relógio
esquecido num canto qualquer desse mundo,
com seus ponteiros retorcidos
e sempre apontando para o nada.

Testemunhei estrelas agonizantes
riscando as noites com o efêmero.
Tantas vezes atraquei em grandes cidades,
acreditando que eram porto seguro.

No clima de falsa festa,
mergulhei no mais escuro de mim.
E por uma fresta vi chegar a tempestade
que sem piedade atirou-me ao incerto.

Acordei em uma ilha deserta,
cercada de enormes torres de concreto
e rostos apressados e desconhecidos.
Nessa hora, vinda do distante passado,
a amada me reconhece e resgata.
O tempo, então, descortina uma nova aurora.

Sonho de uma noite distante

I

O invisível mal impôs implacável castigo.
Ruas desertas, seres sem perspectivas,
sombras que se ausentam de suas rotinas.
As retinas espelham medo de incerta definição.
O mundo vira inseguro porto de espera,
zoológico abrigando indefesas feras.

Pouco é exposto posto que público não há.
Na TV, o embate de supostos salvadores
com políticos e outros mercadores da morte.
De tão grande, dentro e fora, tristeza se acomoda,
embaça o brilho dos olhos, silencia palavras
e, nas lavras da desilusão, ancora a alma.

Todos fingem que terão um novo amanhã,
crença que há muito muitos sabem ser vã.
Se vão as vidas, chega e forte fica a resignação.
Animais aflitos buscam, inventam o que fazer.
O leão, antes tão imponente, parece perdido,
indo impaciente de um lado para o outro.
Seu rugido é pedido para que volte o ontem.

O silêncio diz que no sonho a redenção está.

II

Sonhos são cavalos selvagens que, no meio da noite,
ultrapassam a lógica e alcançam o impossível.

Rápido como se instalou, o mal se foi.
O zoológico abre as portas de suas jaulas,
e, apressados, os animais ganham as ruas.
Ternos, vestidos, tailleurs, gravatas, blue jeans...
Cores que se misturam em múltiplas direções,
exibindo ansiedade em diferentes expressões.
A qualquer custo almejam a mesma vida de antes.
Mas o rio, águas turvas ou cristalinas, já passou.

(Os cavalos selvagens partem em livre galope.)

Quando o pôr do sol exibe seus últimos raios,
chega a amada com um delicado sorriso.
Traz nas mãos em concha o mar de ontem.
Seu terno olhar abranda as ondas de saudade.
e pelos corpos tesos espalham-se suor e desejo.

Sob o brilho das primeiras estrelas,
o beijo ardente marca o fim da espera.
Despem-se das feras que foram no zoológico
e por inteiro se entregam e se integram.
Carinhosos golpes altos e baixos são revividos.

(Os cavalos selvagens galopam mais intensamente.)

Lindas indecências são sussurradas no ouvido.
Calafrios, urros incontidos de bichos no cio.
Corpos são por inteiro avidamente tocados.
Cheiros e gostos mais íntimos são trocados.
Leves mordidas avermelham os lábios sensuais.
Línguas querendo mais se deliciam no céu da boca.

(Os cavalos selvagens aceleram o ritmo.)

Na penumbra os belos seios são duas nuas luas,
que mãos desejosas se apressam em vestir.
Sem esforço surge um imenso e incontido desejo
quando garras de animal arranham o esbelto dorso.
Tudo consentido, tudo intensamente sentido
na incontrolável vontade de tudo ter e tudo ser.

(Os cavalos selvagens cada vez mais perto.)

Depois de muitos e ritmados movimentos,
juntos eles chegam ao limite da cavalgada
e despencam no precipício profundo do prazer.
Nada precisa ser dito, tudo é um grande sentir.
No abraço, enlaçam um momento de paz.

Ainda ofegantes e apenas com o olhar,
celebram o efêmero e mágico momento
em que Homem e Mulher são só um.

Imagens de tragédia e amor

Um sonho ruim trouxe desassossego.
Bem nítida na lâmina do microscópio
repousava a imagem do rosto de Deus.
Ânima de seu posto não acreditou.
Mesmo que lhe dissessem o oposto,
manteve inabalados os alicerces da fé.

Absoluto o mal que, quando e onde quer,
alimenta-se da alegria e espalha o luto.
Corpos com olhos baços e longe de abraços
sucumbem nos congestionados hospitais.
Aos poucos se instalou a inversão
onde tristes perdas são consideradas normais.

Quis outras imagens para dissipar sua aflição.
Remexeu e das gavetas do antigo móvel
retirou os esquecidos álbuns de fotografia.
Nas lâminas (que não eram do microscópio)
viu pessoas já mortas e outras hoje distantes.
Fechou o álbum no instante da criança que fora.

No moderno computador, buscou imagens
e em múltiplas passagens encontrou a amada.
Sua alma tocada foi por íntimas lembranças.
Reembarcou nas fotos das últimas viagens

e sentiu seu isolamento ser invadido
por um incontido rasgo de felicidade.

Sua solidão tornou-se bem mais leve.
Na tela um suave toque no rosto da amada
e, sonhando com o breve reencontro,
caminhou cortinas ao vento até a janela.
De lá, feliz, abriu o seu melhor sorriso.
Mesmo que ninguém visse, quis enfeitar a rua.

Museu de mim

Se proibidos estão bosques, montanhas e mar,
sigo por infindáveis caminhos dentro de mim.
No isolamento imposto minha casa cresceu,
virou posto de observação e descobertas.
Em suas partes mais desertas moram fantasmas
que, da janela azul onde bate o sol – giratório farol –,
conseguem alcançar o céu e o seu mais distante.

Num instante a tarde se vai, e vem a certeza
de que o mundo que existe lá fora encolheu.
Triste, faço da casa museu de mim mesmo
e nele coloco pedaços do que fui
para melhor entender quem sou.

Suas paredes misturam passado e presente.
Se o inquietante futuro não consigo enxergar,
vai ver ele está no escuro de algum armário
bem trancado por chaves jogadas ao mar.

No corredor de entrada, vejo-me criança
segurando flores vermelhas, medo e muitos sonhos.
A sala exibe o jovem com insaciável sede de mundo
sempre fazendo de cada andança tela
onde qualquer perigo é pintado com cores belas.

Continuo já acostumado aos ruídos eletrônicos,
constante evidência da falta do essencial diálogo.

Já velho, chego à biblioteca imerso em pensamentos
e assusto-me ao ver traças mastigando o amanhã.

Na cozinha moído pelas horas em lento passar,
o pesar ao perceber a fuga de cheiros e sabores
de pratos preparados para a mesa de um só.

Ainda mais só, transponho a porta do quarto
que, imenso, abriga a ausência de ti.
A saída é de novo mergulhar no sonho.
No varal lá fora, o vento agita brancos lençóis,
brandos acenos ao oceano que fomos nós.

Tomo tuas mãos e assim vamos e voamos
até pousarmos no quintal, antigo reduto do menino.
Lá abrimos as portas de todas as gaiolas.
Leve e feliz, vejo refletida em teus olhos
a revoada dos pássaros que meu pai havia aprisionado.
No azul do céu, eles desenham pontos de liberdade.

Acervo do museu de mim

Minha casa cresce como se sua planta fosse viva.
Podado do ontem, o mundo lá fora continua encolhendo.
Aqui os quadros nas paredes, como eu, estão solitários.
Solidário, busco novas obras para o museu de mim,
pois preciso encobrir as incômodas sobras de branco.

No quarto que fica mais perto das nuvens,
aquele onde na infância escondia meus segredos,
coloco *O farol no penhasco*, de Hermann Eschke,
para que sua luz indique o degredo do implacável mal.
No ponto em que consigo divisar o horizonte,
ponho a bela *Janela azul*, de Henri Matisse.

O passado não importa, o presente comporta imensa dor.
O quarto dos fundos é reduto de mistérios.
Lá, emoldurado e com várias camadas sobrepostas,
fica refém das horas o futuro que Jacob Brostrup anteviu.
Ele é um túmulo onde rezo e revezo inquietações.

No corredor comovo-me com o olhar triste da criança
ainda segurando flores vermelhas, medo e sonhos.
Deixo ao seu lado *Meninos soltando pipas*, de Portinari.
Por um instante ouço sinos que dispersam a melancolia
e fazem-me sorrir ao ver juntos a criança e os meninos.

Na sala sempre carente do diálogo essencial
encontro um lugar especial para Van Gogh

sofrendo em seu *Autorretrato* com orelha cortada.
Na biblioteca sinto a terna presença do meu pai
quando fixo *O pai do artista lendo*, de Cézanne.
Sei que as traças irão devorar os livros e o amanhã,
mas na sã memória guardarei o gesto e o olhar.
Restando-me réstia de tempo nublado e sem fim,
procuro ler e descobrir em mim uma saída possível.

Tento esquecer a mesa sempre posta para um só
pondo na sala de jantar *A Santa Ceia*, de Leonardo da Vinci.
Deixo-me enganar não por um, mas por todos os apóstolos.
No quintal onde eu e a amada libertamos os pássaros,
em sonho peço que minha mãe, com suas mágicas mãos,
recrie os *Jardins de Giverny*, de Claude Monet.

Olho para Van Gogh como se pedisse permissão
e coloco no antigo toca-discos, presente do meu pai,
a abertura de *Tristão e Isolda*, de Wagner.
Lembro-me então dos cavalos selvagens em intenso galope.
O quarto, templo de prazer ou ponto de fuga,
recebe o quadro *Na cama, o beijo*, de Toulouse-Lautrec.
Nele vejo-me e dele saio abraçado com a amada.

A cama vira vasto campo de mais uma louca cavalgada.
Num instante, com os acordes num crescendo alucinante,
passamos a ser nós mesmos os cavalos selvagens.
Cheiros e gostos voltam a ser sentidos.
Toques suaves e fortes movimentos são alternados
até que da partitura emergem Tristão e Isolda

e nos acordes finais nos pegam, dois suados animais,
e nos jogam ao mergulho no mais profundo êxtase.

Depois no silencioso abraço a sensação de unicidade.
Tristão e Isolda agora estão no quadro na parede,
de lá nos observam com terna cumplicidade.

Desapego

Sairei mundo afora dizendo adeus.
Não que eu sinta a morte próxima.
Preciso é livrar-me dos excessos.

Direi adeus à minha própria casa,
que de tão grande não me reconhece.
Incomoda-me ver tantos cômodos,
por tanto tempo, sem qualquer uso.

Adeus às estantes repletas de livros,
muitos nunca foram sequer abertos.
Trocarei todos por simples sorrisos.

Direi adeus a roupas e calçados
que sem uso tornaram-se âncoras
e do passado precisam ser içadas.

Adeus também direi às fotografias
que de nossa história perpetuam
apenas a parte que nos interessa.

Foi de uma delas, há muito tempo,
que saiu o avô que eu nunca vi.
Ele sorriu e, com um terno abraço,
pediu-me que não ficasse triste,
e disse, antes de voltar à imobilidade,
da felicidade de ter me conhecido.

Direi adeus às cartas e aos bilhetes
nunca entregues a quem eu amava.
Adeus aos poemas nunca concluídos,
fantasmas presos em velhas caixas.

Direi adeus ao excesso de verbo,
palavras que escapam em sentido único
e nunca mais encontram retorno.
Melhor será acolher e ter o silêncio
como cúmplice e fiel companheiro.

Direi adeus até mesmo ao museu de mim.
Doído, para sempre fecharei suas portas
e assim não mais serei atormentado
por lembranças e cicatrizes nele expostas.

Adeus às crenças e convicções superficiais.
Sei que bem mais leve e livre serei
por dizer adeus ao que não é essencial.

Depois, diante do mar, vendo o sol se pôr,
acompanharei o passar de nuvens em fogo.
Nelas buscarei o desconhecido rosto de Deus.

Museu vira mundo

Se não sei quando livre de novo serei
bicho que sou, libero meus instintos
e busco saídas que me mantenham vivo.
Faço do reduzido espaço residencial
um mundo maior do que tudo lá fora.

Armo a memória e com quem amo
recrio cenas antigas e vejo outras
ainda escondidas no futuro.
Posso partir pois o outro eu fica
cuidando de cada parte do nosso museu.
Eu e você, de mãos dadas,
sem sair daqui ganhamos o mundo.

Descerro cortinas e sob um sol de verão,
já estamos no café *Les Deux Magots*.
O outro eu busca abrigo no brilho dos olhos
da moça com brinco de pérola.
Lá ele finge nada ver, nada ouvir.

Do quintal do espaço residencial,
chegamos ao Central Park.
Sentados no chão, temos no olhar
a ternura dos amantes nas telas de Renoir.

A mesa da minha sala reaparece
em um castelo do século XVIII

e como príncipe e princesa almoçamos.
O outro eu, calmo, mantém o museu em ordem
e gasta seu tempo esquecendo tristezas.

Na mágica sequência do dia, alcançamos o mar.
Embarcações são pontos interrogando o horizonte.
Pisamos na areia tendo os sapatos nas mãos
e nos olhos o brilho de uma felicidade rara,
aquela que cresce e transborda silêncios.

O outro eu, cansado da rotina do museu,
entra na pintura *Montes de feno* ao nascer da lua.
Acomoda-se e dorme como uma criança.

Em Veneza, jantar à de luz de velas.
Violinos tocam "Somewhere over the rainbow".
Trocamos olhares de cumplicidade
e, entre taças de rubro vinho, roubo sorrisos
ao murmurar ternas indecências no seu ouvido.

Silencio as trágicas notícias na TV.
Na sala o apertado sofá vira cinema
e *Casablanca* mais uma vez nos faz chorar.

O outro eu, com uma lanterna na mão,
faz a última vistoria da noite no museu.
Pessoas que moram nas pinturas se espantam
ao serem acordadas por tão forte luz.

No caminho entre a sala e o quarto
fica claro que apenas sonhei.
Entro, mas não acendo a luz.
Deito-me sem ver a solidão.

Duplo de mim

A reclusão, além de profundo desolamento,
fez nascer um outro de mim.
Isolado nesse exíguo espaço com ele,
tive de aprender a conviver comigo.

Ele surgiu na forma como hoje eu sou,
cópia idêntica mas desconhecida origem.
Somos dois, corpo e rosto exatamente iguais,
mas nele eu não reconheço a minha alma.
Ele acha que tenho um riso dissimulado
e um brilho no olhar que não mereço.
Se o silêncio dele tantas vezes me incomoda,
agrada-me vê-lo pensar que está a rir sozinho.

Por fora seguimos os passos um do outro
como se fôssemos dois espelhos paralelos.
Olho para ele e vejo-me à beira de um abismo
e de lá cismo em saber como por ele sou visto.

Em comum temos apenas o mesmo espaço.
Eu caminho pelas galerias do museu fechado,
tentando em cada quadro perpetuar o passado.
Ele abre janelas e descortina novos horizontes
e, mesmo com a imensa tristeza do hoje,
encontra alento para sonhar uma bela aurora.

mim ǝb olquꓷ

Eu sinto medo dos ruídos e imagens da TV,
mas com elas gasto muitas de minhas horas.
Ele entrega-se por inteiro a um sofrer bonito
quando lê ou escreve seus poemas aflitos.

Condenados estamos a suportar um ao outro,
e vamos, navios à deriva e sem âncoras,
nesse mar de implacável tempestade.

Mesmo tão opostos, somos forçados
a dividir o mesmo espaço e desafios.
E sem que uma palavra precise ser dita,
cada um por um tempo deixa de ser
para que o outro até loucuras possa cometer.

Temos apenas uma incondicional cumplicidade.
Apesar de nossas diferenças,
amamos a mesma mulher.

Inverno no museu de mim

I

É triste ver do isolamento
o dia tão ensolarado lá fora.
Distancio-me do homem que sou
para ser em mim mesmo um outro,
tendo a dor de todos maior que a minha.

Essas janelas, cortinas ao vento,
exibem ilusórias perspectivas.
Desisto do habitual lamento
e na sacada – farol e possível penhasco –,
vejo-me parte de tudo o que resta.
Nesse tempo de dolorosa provação,
sou comoção e abrigo de mim.

Preciso fazer, guardar algo diferente.
Mergulhar na quietude e enxergar o longe.
Não olharei os quadros do museu de mim.
Não ouvirei a abertura de *Tristão e Isolda*.
Entregue por inteiro ao silêncio,
pintarei na tela que em branco espera
nuvens que se arrastam arando o céu.
Do pincel farei interno grito de liberdade.

II

Quando sob o intenso brilho do sol
as nuvens inventam formas no azul sem fim,
o meu quadro finalmente fica pronto.
Nele elas são presas para o museu de mim.
Do centro da sala contemplo minha obra,
nuvens preparando o céu para um dia de verão.
Mas nada nesse tempo parece bastar.
A plenitude é apenas um vão desejo.
Percorro com pesar cada cômodo da casa
e em todos sinto e vejo tua ausência ainda maior.

Pensei em teu sorriso ao pintar as nuvens
tendo ao fundo o esplendor de um dia de sol.
Mas o imenso vazio de ti tudo reverteu.
Triste, volto à sacada, farol e penhasco.
Lá, lento se esvai o meu plano de fuga.

No quadro que pintei o inverno chegou.
Agora de minha nuvem vem forte chuva.
Da tela antes segura e definitiva prisão,
escorrem gotas de azul sobre os meus sapatos.
Torno-me então melancólica imobilidade.

Museu vira templo

Chegou como o vento, sem forma própria.
Soprou nos meus ouvidos verdades distantes,
mas que desde sempre estavam aqui.

Silencioso, como um invisível gato,
presenteou-me com a sensação de plenitude.
Bailando com as cortinas preencheu espaços
e ao ver o imenso vazio do meu quarto,
fez-me sentir que por você não estar aqui
mais intenso será nosso reencontro.

Bem de perto, conversou com minhas plantas.
Penetrou gavetas e viu antigos escritos.
Sabedor de meus mais íntimos segredos,
entendeu o que gritam essas paredes.
Cerrou meus lábios imóveis no espanto
e ensinou-me a sem pressa contar silêncios.
Contei mil e um antes do primeiro pôr do sol.

Continuou espalhando-se por cada canto
e ao ver sua foto sofreu por mim a ausência.
Eu abri todas as janelas e pássaros chegaram.
De seus movimentos delicados e seguros
saltou a certeza de que a vida é simples e bela.
O canto era mantra que desdobrava o divino.
Senti-me menino, feliz e acreditando em tudo.

O mundo lá fora esboça alguma melhora.
Há tanto sendo outro, eu quase não percebo.
Durante todo esse tempo de reclusão,
o medo maior foi perder a ternura.
Guardarei, então, o mantra dos pássaros
e sei que, se um dia tudo voltar a ser o que era,
serei outro sem nunca me esquecer de quem fui.

Foi-se como chegou, sem qualquer aviso.
Nunca saberei de onde e por que veio.
Retornou por achar que eu estou pronto.
Deixa paz transbordando de tudo em volta.
Parte depois de fazer da minha casa um templo,
que o tempo todo é plena parte de tudo.

Incêndio no museu de mim

Do museu de mim, posto de reclusão,
introspectivo, eu vi o oposto lá fora.
O convívio com o perigo dispersou o medo.
Multidões dispensaram cuidados e recomendações.
Carentes do ontem, ganharam as ruas
sentindo-se livres e celebrando qualquer coisa.

Comedido, fiz do museu de mim ponto de espera.
Aquele ônibus poderia ter me levado para longe,
mas algo me disse não ter chegado a hora.
Foi aqui, nesse tempo, oportuno espaço,
que preparei o museu para o amanhã.
Nele todas as horas a você serão dedicadas.

Revirei gavetas, armários e desvãos
para arrancar de vez as âncoras do passado.
Queimei fotografias, antigas cartas de amor,
bilhetes e até livros com ternas dedicatórias.
Sei que você diria não ser necessário,
mas fiz por não poder seguir em frente
sem antes desapegar-me do que ficou para trás.

Longe dos quadros do museu de mim, juntei tudo.
Em nenhum momento houve qualquer hesitação.
Acendi o fósforo e décadas de memórias do que vivi
começaram a ser consumidas pelo fogo.

Cortinas, agitadas pelo vento, atingiram as labaredas.
Em minutos todo o museu foi destruído pelas chamas.

Dos escombros e quase encoberto pela fumaça,
não lamentei, apenas fiquei contemplando o horizonte.
O museu cá dentro, o mundo lá fora.
De agora em diante, tudo será diferente.
Fênix, abro as asas para o amanhã
e, pronto para tudo, recomeço.

Última chamada

O museu de mim é tela de um deserto
sempre à espera de verdes pinceladas.
Quadros, objetos antigos e lembranças
misturam-se e formam um corpo único.
Cartas, bilhetes e velhas fotografias
são peso que pede esquecimento.

Entro em silêncio para não assustar minha sombra
Com medo da morte que se espalha no mundo lá fora,
mantenho fechadas todas as portas e janelas.
Fico com a certeza de que deveria ter saído,
pois volto com uma tristeza que não conhecia.

Passo em revista as obras do museu de mim.
Elas são os meus fiéis e discretos guardiões.
Não acendo as luzes, pois esse tempo de caos
fez-me aprender a caminhar nas trevas.

Atendo ao telefone no segundo toque.
Meu amigo de infância, com a voz embargada,
diz que cansou e não aguenta mais,
que por nada valer a pena desiste de tudo.

Minto uma galeria de sorrisos.
Quero estar ao seu lado e abraçá-lo.
E, quando peço que ele me prometa

que amanhã ainda colherá poemas nas estrelas,
o estampido, seguido do baque,
faz-me desejar solidário embarque.
Meu amigo agarrou-se à solidão
e em suas negras asas foi para o nunca mais.

Fuga do museu de mim

Da vida não quero só dádiva.
Em silêncio aceitarei dálias negras.
Medo nunca terei dos ávidos corvos
que sobrevoam o museu de mim.
Do alto vejo ruas desertas
sinalizando o invisível perigo.

No corpo ainda não carrego marcas,
mas a alma se inquieta com a dor de todos
e o espelho mostra o meu mais triste olhar.

Esse tempo impõe duras cobranças.
Alto custo e enorme sofrer em tudo.
De graça só a graça de estar vivo.
Desgraça seria não mais ter a manha
de sentir-me abraçado pela manhã.

Com espaço e liberdade limitados,
aro as hora, oro e semeio sonhos.
Pego raios de um sol hesitante
e num instante ilumino o interior.
Sigo quixotesco catador de horizontes,
bebendo até o fim nas fontes do amor.

A transformação dos hábitos lá fora
mudou tudo no museu em que habito.

Urgências revistas, desistências antecipadas,
portas escancaradas ao possível...

Avisto os corvos cada vez mais perto.
Certo do que quero, dispo-me dos anseios.
Desapego-me e fujo do museu de mim.
Leveza leva-me ao verdadeiro amor.

SOBRE O AUTOR

Raimundo Gadelha nasceu em Patos, no sertão paraibano. Durante sua infância, morou em diversas outras cidades interioranas do Nordeste. Em 1970, aos dezesseis anos, foi residir nos Estados Unidos, onde estudou na Oceanside High School. De volta ao Brasil, no ano seguinte, além de dar continuidade a seus estudos, passou a dedicar-se mais intensamente à poesia e também ao teatro.

Por formação, é publicitário e jornalista, com especialização na Universidade Sophia, em Tóquio, Japão, no período de 1985 a 1987. Pouco depois se distanciaria inteiramente dessas profissões para retomar sua atividade de fotógrafo, clicando e expondo o resultado de suas andanças por mais de quarenta países, principalmente da Ásia e do Leste Europeu.

Sempre dedicado à literatura, em 1994 abraça seu desafio maior: a fundação da Escrituras Editora, seguramente a casa editorial que mais publicou poesia no Brasil. Mesmo como editor, Gadelha não abdicou da própria produção literária. Incluindo este *Museu de mim*, já são vinte e dois títulos publicados nos gêneros poesia, conto, teatro, romance, fotografia e, mais recentemente, infantojuvenil. O seu romance *Em algum lugar do horizonte* também foi publicado na Grécia, no México e em Portugal.

OUTRAS OBRAS DO AUTOR

1. *Tereza, perdida Tereza* (Conto). Editora Falangola, Belém, PA, 1978.
2. *Colagem trágica* (Poesia). Mitograph, Belém, PA, 1980.
3. *Este circo tem futuro (Mas, a quem pertence o futuro?)* (Teatro). Editora Grafisa, Belém, PA, 1982.
4. *Vencendo a tempestade*, disco em parceria com Alberto Cerqueira Guimarães. Autor das letras. Belém, PA, 1978.
5. *Cristal,* disco em parceria com Cláudio Vespar. Autor das letras. Belém, PA, 1981.
6. *Um estreito chamado horizonte* (Tanka, poesia japonesa). Massao Ohno/Aliança Cultural Brasil-Japão Editores, São Paulo, SP, 1991.
7. *Em algum lugar dentro de você mesmo.* Aliança Cultural Brasil-Japão/Arte Pau-Brasil, São Paulo, SP, 1994.
8. *Brasil: retratos poéticos 1* (Poesia e fotografia), em parceria com os fotógrafos Araquém Alcântara, Bruno Alves e José Caldas. Escrituras, São Paulo, SP, 1996.
9. *Para não esqueceres dos seres que somos* (Poesia e música de autoria de Carlos Henry Sandoval, com arranjos e execução do maestro Laércio de Freitas e participação de Celso Viáfora, Chico César, Marisa Orth e Ná Ozetti). Escrituras, São Paulo, SP, 1998.
10. *Em algum lugar do horizonte* (Romance). Escrituras, São Paulo, SP, 2000.
11. *Brasil: retratos poéticos 2* (Poesia e fotografia), em parceria com os fotógrafos Edson Sato, Fábio Colombini, Maurício Simonetti e Walter Firmo. Escrituras, São Paulo, SP, 2001.

12. *Brasil, retratos poéticos 3* (Poesia e fotografia), em parceria com os fotógrafos Denise Greco, Iara Venanzi, Juca Martins e Luciano Candisani. Escrituras, São Paulo, SP, 2003.
13. *Vida útil do tempo* (Poesia). Escrituras, São Paulo, SP, 2004.
14. *Brasil, natureza e poesia* (Poesia e fotografia), em parceria com os fotógrafos Iara Venanzi e Luciano Candisani. Escrituras, São Paulo, SP, 2004.
15. *Dez íntimos fragmentos do indecifrável mistério* (Poesia). Escrituras, São Paulo, SP, 2011.
16. *Aqui e além do horizonte* (Tanka, poesia japonesa, e fotografia). Escrituras, São Paulo, SP, 2015.
17. *Sendas do horizonte* (Tanka, poesia japonesa). Escrituras, São Paulo, SP, 2016.
18. *Dobras do horizonte* (Tanka, poesia japonesa). Escrituras, São Paulo, SP, 2018.
19. *Com essa eu não contava!* (Infantil). Escritinha, São Paulo, SP, 2013.
20. *Se toque! – A amizade é mais forte que o TOC!* (Infantil). Girafinha, São Paulo, SP, 2020.
21. *Pedro e o peixe BBB* (Infantil). Girafinha, São Paulo, SP, 2021.

PARTICIPAÇÕES EM ANTOLOGIAS

1. *Antologia de poetas paraenses (Poesia).* Shogun Arte, Rio de Janeiro, RJ, 1984.
2. *Fui eu* (Poesia). Pintura de Valdir Rocha e organização de Eunice Arruda. Escrituras, São Paulo, SP, 1998.
3. *Nossos últimos 20 anos* (Contos, crônicas e poemas/40 autores convidados). Organização e apresentação: Pedro Galvão. Escrituras, São Paulo, SP, 2003.
4. *Histórias do olhar* (Conto). Organizadoras: Thelma Guedes e Isa Albuquerque. Escrituras, São Paulo, SP, 2004.